페이크
다이어리

페이크 다이어리

1판 1쇄 인쇄 2010년 11월 5일
1판 1쇄 발행 2010년 11월 12일

글_이윤진
그림_김성희, 윤예지
펴낸이_정원정, 김자영
편집_홍현숙
디자인_김민정

펴낸곳_즐거운상상
주소_서울시 용산구 문배동 11-14 이안1차 101동 오피스텔 202호
전화_02-706-9452 | 팩스_02-706-9458 | 전자우편_happywitches@naver.com
출판등록_2001년 5월 7일
인쇄_갑우문화사

ISBN 978-89-92109-65-9

* 책값은 뒤표지에 있습니다.

Fake Diary

페이크 다이어리

한 줄짜리 진실을 위한 수십 줄의 거짓말

글 이윤진
그림 김성희 · 윤예지

즐거운상상

#01

"**진실**은 흥미롭지만
사실은 왠지 맥이 빠질 거야."

기억력이 더 없어지기전에 오늘있었던일을 기록해야지
10/19
오늘
늦었다.
끝
탓
다음날아침
응?
내가 어제 사자를만났었나? 거참 기억력이 점점...
진실은원래 한줄이면충분하지
10/19
오늘 늙은사자에게 가는 문안인사가 늦었다.
이별이안좋은늙은 사자는 오늘
기분이좋지아났다
나는너무헐레벌떡 뛰어가느라그만 아침먹은걸 게워냈다
한줄짜리 진실을 찾아보시길

이윤진

#02

한 줄짜리 나의 **진실**.

너의 **눈물**.

우리의 **비밀**.

얼지 않고. 죽지 않고. 무사히 얼음 땡.
두근하기도. 새삼스럽기도. 멋쩍기도 한
오래된 첫인사.
달큰하게. 쌉쌀하게. 총총 가슴 한켠
구두상자 속 오래된 편지 같은
한 줄짜리 나의 진실.
너의 눈물.
우리의 비밀.

김성희

#03

짧지만 소중한 순간들의 **기억**

나는 시간의 숫자에 집착하는 경향이 있다.
윤진 언니가 처음 연락을 했던 것이 언제였던가….
아무리 기억을 뒤집어 봐도 이제는 정말 가물가물하다.
늦은 2006년이었던가, 이른 2007년이었던가.
아무튼 가장 늦게 《페이크 다이어리》팀에 참여하게 되었다.
세월이 훌훌 지나 이렇게 책이 나오게 되었다.
이건 정말 기적 같다고나 할까!
그리고 당시와는 훌쩍 떨어진 저-기 바다 너머 런던에서 지내고 있으니.
그림을 다 마무리하고 2008년 여름의 끝에 서울을 떠나 이곳으로 왔다.
책이 곧 나올 거라고 생각했는데 두고 온 땅 서울에서는
아무 소식도 이야기도 들려오지 않고, 점점 출간의 희망을 버리고….

그러다 정말 이렇게 일이 일어날 줄이야! 두 손 들고 만세!
비록 키 크지 않는 어른이 된지 오래지만,
나의 그림들은 아직도 계속해서 변하고 자라는 중이다.
특히 2년 동안 다시 한 번 급격한 성장기를 맞고 있는 지라
더 그런 것 같다. 《페이크 다이어리》 그림들을 훑어보고 있자니
조금은 그림들이 낯이 설다.
흠, 그러다 곰곰이 더 들여다보자니 알음알음 한 이야기씩을
그려내던 그 시절, 연희동 작업실에서의 나날들이 생각이 난다.
그때의 나와 지금의 나는 많이 달라졌고, 그 시절의 감성은
그 시간만의 특권이었기에 그림들 또한
그 때만 나올 수 있었던 것들이라는 것을 깨닫는다.
지금 페이크 다이어리를 그렸다면 분명 다른 그림들이 나왔을 것이다.

기본적으로는 발전을 지향하는 변화를 겪고 있지만,
분명 그 과정 속에 내가 잃어버린 것들이 있다.
나이가 들고 예전과 같아질 수 없는, 짧지만 소중한 순간들.
이 간격에서 탄생한 그림들이 빛을 보게 되어 다시 한 번 기쁘다.

그때는 특히 미우고양이와 너구리를 좋아했던 것 같다.
반발짝 물러서서 관조하는 그들의 태도는 꽤나 무심한 듯 보였어도,
은근하게 진한 삶에 대한 애정이 느껴졌다.
나도 그들과 비슷해서 창밖의 구름들이 흘러가는 것을 바라보며
멍하니 앉아 있기만 하는 것 같지만,
사실은 다시 한 번 순간들과 사랑에 빠지기를 기다리고 있다.

윤예지

Prologue

프롤로그

우리는 가끔 이 작은 세상에 놀라곤 한다.

하루는 병원에 늑대 한 마리가 찾아왔다.
요즘 과식을 해서 속이 안 좋다며 눕길래
심심풀이 탈장수술을 해 보았다.
놀랍게도 뱃속에서 질식해 죽은 피리 부는 아기양이 나왔다.
좋은 기회라는 생각에 포경수술을 해 보았더니
빨간 모자소녀와 할머니가 나오는 것이다.
갑자기 늑대의 대장 부위가 꿈틀거렸다.
소화가 다 되어가는 아기돼지 삼 형제와 일곱 마리 아기양들이
연동 운동을 하고 있었다.
문득 떠오르는 것이 있어 ABC동화전집을 뒤졌더니
거기에는 거짓말쟁이 양치기 소년만이 없었다.
내 그럴 줄 알았시,

갑자기 늑대가 꿈틀거리기 시작했다.

우리는 언제나
주인공이 죽는 걸 바라지 않는다.

그래서 늑대 뱃속의 모든 불순물을 빼내고
시침질해 벽장에 걸어놓았다.

동화는 언제나 내 벽장 속에 살아있다.

연애의 기초

저녁 무렵 시장 골목에서 서로 부둥켜안고 있는
황새와 여우를 만났다.

서로 마음에 들어 한다는 소문은 들었는데
언제 저렇게 사이가 좋아졌나.
심심한 차에 좋은 구경을 한 거 같아 기분이 좋아졌다.

다음 날 너구리가 황새와 여우가 헤어졌다는 소문을 들려주었다.
키스를 하다가 구강 구조 문제로 다퉜기 때문이란다.

'아니 그 정도 문제는 서로 저녁 식사를 하면
미리 알 수 있는 거잖아!'

전래 동화도 제대로 안 읽고
연애를 하려 했다니

요즘 애들이란….
너구리와 나는 나란히 한숨을 쉬었다.

사실 그렇게 간단한 문제로 헤어진 것이 아니에요.

그것은 서로의 수많은 것들이 부딪힌 중의
작은 표피에 불과할 뿐,

나침반

오늘은 날씨가 좋기에
너구리가 준 나침반으로
탐험을 하면서 회사에 가기로 했다.
곧, 몇 가지 새로운 사실을 알아냈다.
나는 동쪽 방향의 지하철 입구로 나와서
서쪽 출입문으로 회사에 들어와
남쪽 방향의 복도를 건너서
서남쪽을 향한 자리에 앉는 거지!
그런데
늦게 온데다가 나침반을 들여다보면서 중얼중얼 하는 나에게
서쪽을 향해 앉아있던 오대리가
의자를 동쪽으로 빼고 머리를 남쪽으로 향한 채

"…… 또라이"

뭐, 탐험가와 혁명가는 외로운 법이니까.

k
m
h
i
f
n
g

또라이ㅡ

약 할머니

두어 달에 한 번쯤 동네에 약 장수 할머니가 찾아온다.

왔다고 좀 나와 보라고 큰 소리 한번 치지 않아도
할머니 허리춤에 달린 작은 방울이 용하게 동네에 소문을 낸다.
땡그랑 땡그랑 방울 소리가 울리면
다들 소금을 한 줌씩 쥐고 나와 할머니를 찾는다.

나는 요즘 왠지 통 잠을 잘 수가 없어서
진한 벌꿀로 만들었다는 잠이 오는 맥주를 한 잔 샀다.
새 잎담배를 사러 나온 너구리에게 두더지가 말을 건다.
"질이 좋은 소금이라면 향기 나는 풀을 구할 수 있대."
너구리는 풍 하고 콧방귀를 한번 뀐다.
스컹크가 한참을 따져보다가 새까만 염색약을 사간다.
달팽이는 야릇한 핑크빛 약을 건네받고 질푸덩 질푸덩 집으로 간다.
두 줄이 넘는 긴 약 이름을 들이대며 할머니를 귀찮게 한 당나귀를 빼면
여느 때처럼 은밀하고 평화로운 거래였다.

짊어지고 온 약 보따리가 동이 나면 할머니는 오늘 얻은 소금을
꽁꽁 싸서는
어디서 왔는지 모르는 먼 길을 다시 떠난다.
그 많은 소금으로 뭘 하는 걸까?
"소금으로 작은 인형들을 만들어서
그 아이들에게 약을 만들게 시키는 거야.
마녀니까."

너구리가 아무렇지 않게 말한다.
에이 설마.

"There she come!"

라이온 킹

속이 좁고 늙은 사자에게
정기적으로 가는 문안 인사가 **늦었다.**
급한 마음에 너무 헐레벌떡 뛰어가느라
사자 앞에 서자마자 그만 아침에 먹은 음식물을
게워 내고 말았다.
늙은 사자가 쉰 목소리로 으르렁거렸다.

"이게 도대체 무슨 짓이냐! 네놈을 그냥!"

"어르신, 그게 아니오라. 요즘 이빨이 안 좋으시다기에
드시기 편하라고 미리 음식을 씹어 왔습니다.
그런데 제가 오해했습니다. 이렇게 정정하시고 이빨도 날카로우신데.
오늘따라 갈기가 더 풍성하고 윤기납니다."

"흠흠, 누가 그런 헛소문을.
너는 괘씸하니 성의가 그렇다면 용서하겠느니라."

그러고 나서 사자는 부드럽고 씹기 좋은 점심을
맛있게 먹었다.
나는 그걸 바라보며 새로운 투지가 활활 불타오르는 걸 느꼈다.

"뭐 이따위…!"

miyao

김양

오스트레일리아산 양의 테즈메니아식 발음을 연구 중이다.

파리가 많은 호주에서 온 김양은
말하다가 파리가 들어갈까 봐
항상 입을 오무리고 중얼거리듯
빨리 이야기하는 버릇이 있다.
그녀가 종이라도 씹고 있을 때는
종이를 씹는 건지 말을 하는 건지
여간 주의를 기울이지 않으면 안 된다.

사실, 대화 내용은 늘 같기 때문에 언제부턴가
내용에 집중하기보다 쫑긋거리는 그녀의 입을 바라보는 걸
즐기게 되었다.
"기름종이는 너무 기름져요. 움움."
"오래된 종이는 크리스피해요. 움움."

그러면,
어쩐지 나도 쫑긋쫑긋하는 기분이 되고 만다.
후움.

oomm,
oomm,

그림자물고기

짠하게 맑은 날이다.
지진도 태풍도 오늘은 없다.

새로 빤 스니커즈를 신고 강변을 따라 걷는다.

좋아하는 사람을 만나
차를 마시기로 약속했기 때문이다.

오늘은 그 사람의 손을 잡아 보자고 결심한다.

갑자기 강 쪽에서 뭔가가 말을 걸어왔다.
거대한 주황색 잉어와 약간 모자라 보이는 그림자 잉어였다.

"어이 이봐! 정말 좋은 날씨이지 뭔가?
어이 이봐! 정말 좋은 날씨이지 뭔가?
헛걸음치기날씨좋은날이야!
헛걸음치기날씨좋은날이야!
그러고 보니 자네의 운동화도 헛걸음치기쿠션좋은 운동화인걸!
그러고 보니 자네의 운동화도 헛걸음치기쿠션좋은 운동화인걸!"

기분이 팍 상했다.
손을 잡는 건 미뤄야 하나….

어이 이보가 헛걸음치기
컨디션이지
않나
어이 이바 헛걸음치기 큰생고은
컨디셩이지 안나

유쾌한 씨

그는 정말 유쾌하다.
요리를 할 때나 길을 걸을 때나 단벌뿐인 외투를 고르면서도
끊임없이 노래를 흥얼거린다.
길을 걸으면서는
"한 발짝 두 발짝 색깔 맞춘 신발 짝"
요리를 할 때면
"후루룩 찹찹 오뚜기 케찹 맛있게 따 다익게 따"
단순하고 어린아이 같은 그 노래는
듣는 사람이 자기도 모르게 따라 부르게 하는 마력이 있다.
하나 안타까운 것은 그의 불쾌한 기억력이다.
다 같이 신이 나서 노래를 따라 부르고 있노라면
그는 어느 샌가 노래를 멈추고 눈을 반짝거리며
"오, 꽤 좋은 노래인걸!"
진심으로 감탄을 하고 있는 것이다!
마치 자기가 만든 노래라는 걸 까맣게 잊어버린 것처럼.
바로 그것이 그가 겨울 내내 여름 외투를 입고 있는 이유일 것이다.

기억력만 빼면 정말 유쾌할 그를 위해
요즘 내가 연마 중인 최강신공 저작권을 가르쳐주려고 한다.
기초만 익히면 따뜻한 외투쯤이야
죽고 나서도 오십 년 동안 사 입을 수 있을 테니.

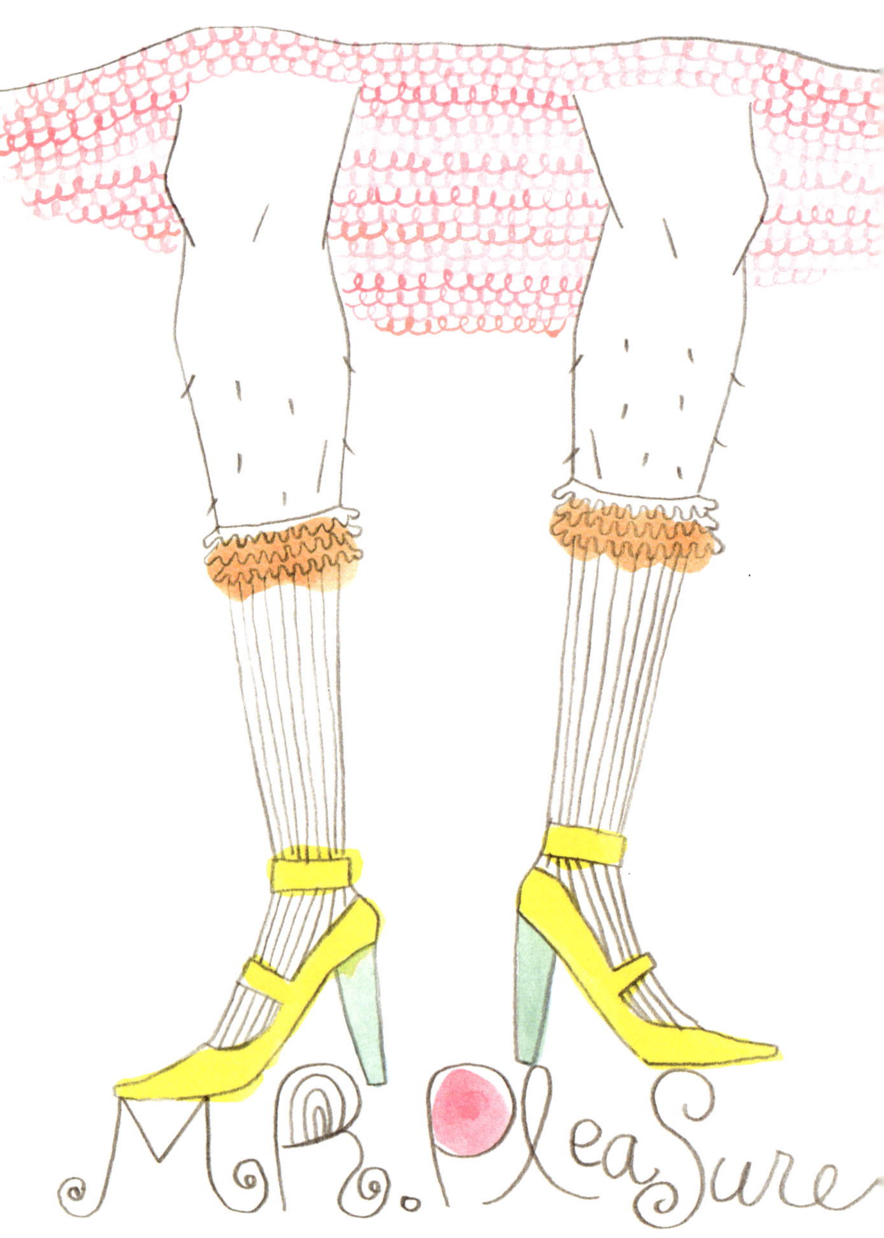
Mr. Pleasure

오후의 커피

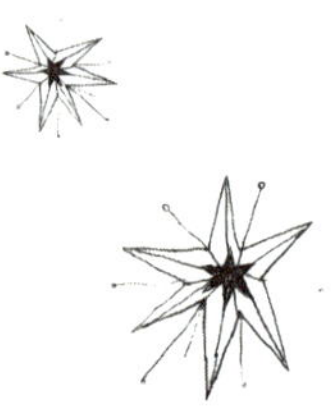

너구리의 집을 찾아갔다.
너구리는 문간에 서서 나를 의아하게 쳐다봤다.

"커피가 마시고 싶어."

너구리는 툴툴대며 부엌으로 향했다.
그도 그럴 것이 이 시간은 너구리가 가장 좋은 담배를 말아 피는
혼자만의 시간이기 때문이다.
하지만 진한 그린란드식 커피가 너무 마시고 싶었고
그건 너구리밖에 만들 수가 없다.

너구리의 부엌은 늘 질서정연하다.
크지 않은 부엌 한가운데에 너구리는 군주처럼 우뚝 서서
불필요한 동작 없이 매우 간결하게 훌륭한 음식을 해낸다.
그 중에서도 커피와 오믈렛이 단연 일품이다.

너구리는 작은 분쇄기로 옅은 색의 커피콩을 많이 갈다가
다음에는 까만색의 반짝거리는 커피콩을 약간 갈았다.
두 종류의 커피가루를 작은 금속 깔때기에 넣고는
너구리가 고안한 에스프레소 기계에 넣어 가스버너에 올렸다.
20초 후에 그린란드의 원유처럼 진하고 검은 커피가
잔 위로 뚝뚝 떨어졌다.
이 커피를 두 잔에 나눠 담자 그제서야 너구리는
한결 편안한 표정으로 잎담배에 불을 붙였다.

진한 커피를 한 모금 마시자 엉덩이를 비짝 당겨 앉은 것 마냥
허리가 꼿꼿해졌다.
"음, 가끔씩은 와인 말고 이런 커피도 괜찮아."

너구리는 귀를 쫑긋거리며 귀찮다는 듯이 말했다.
"아주 가끔 만이야."

눈을 가늘게 뜨고 너구리의 창가에 햇살이 지나는 걸 바라본다.
토박토박 시간이 흐른다.

Coffee and Cigarette

민달팽이의 연애상담

민달팽이가 연애상담을 하러 찾아왔다.
눈물인지 점액인지 모를 투명한 것들을 사방에 묻히면서
어렵게 말을 꺼냈다.

"나와 그녀는 이제 더 이상
끈적끈적하고 질척거리지가 않아."

"끈적거리지 않는 둘의 사이란 정말 상상하기 쉽지 않은데."
하지만 농담이랍시고 이렇게 이야기 했다간
끈적거리는 점액을 사방에 뱉은 채 욕을 퍼부어대며
달팽이 집 안으로 칩거해서 아무리 용서를 빌어도
나오지 않을 것이 분명했다.

사실 둘 사이의 문제라면 의외로 풀기 쉬울지도 모른다.
"역할을 바꿔보는 건 어때?"
"응?"
"너와 그녀가 역할을 바꾸는 거지.
너에게는 모두가 부러워하는 재능이 있잖아.
한동안 네가 그녀가 되고 그녀가 네가 되면
색다른 경험도 되고, 서로를 더 잘 이해하게 될 거야."

왠지 야릇하게 들떠서 질푸덩 질푸덩 돌아가는
달팽이를 배웅하면서
난 참을 수 없이 참을 수 없이 질투를 느꼈다.

What a blessed creature.

The Slug Kama Sutra 16*

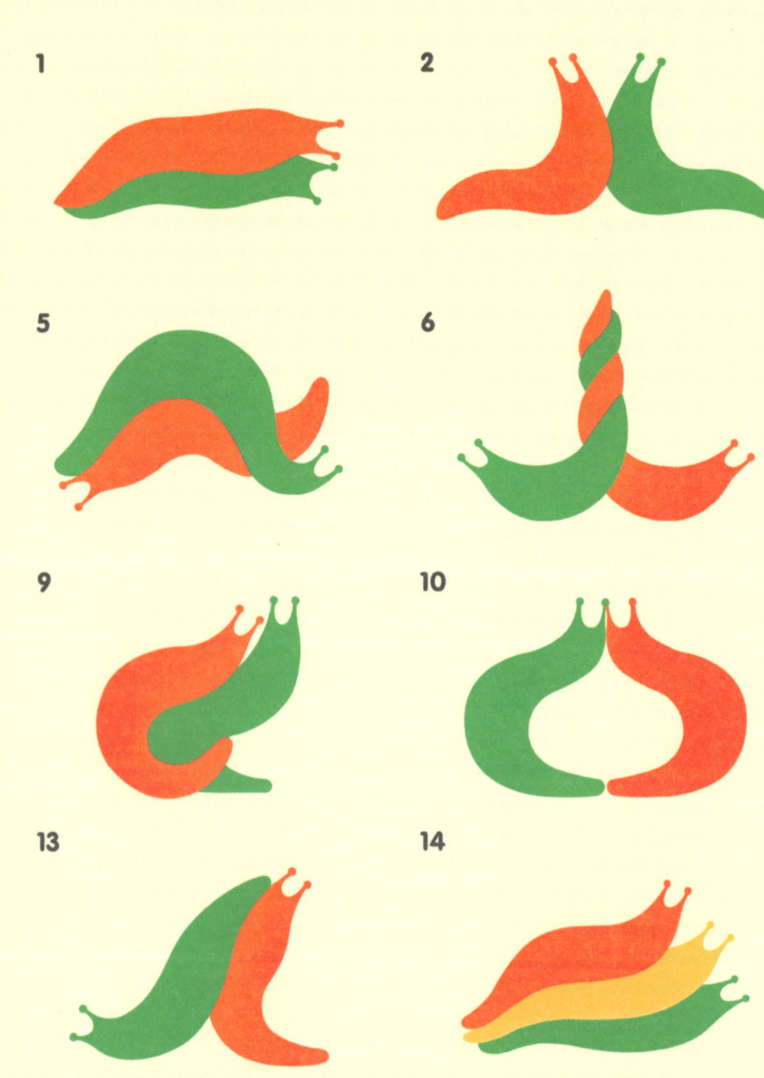

3
4
7
8
11
12
15
16

유리 까마귀

까마귀의 움막으로 마실을 갔다.
반짝이는 것을 좋아하는 까마귀의 움막은
늘 아름다운 것들로 가득 차 있다.
어쩐지 갈 때마다 매번 감탄을 하게 된다.

겨울인데도 까마귀의 움막은 후텁지근했다.
목도리를 벗으며 둘러보니 움막 한가운데
못 보던 커다란 가마가 있었다.
까마귀는 그을었는지 원래 검은지 모를 얼굴을 닦으며

"이 근방에서 자기 가마를 가진 까마귀는 나뿐일걸!"

자랑스럽게 이야기했다.
가마 안에는 이제 막 단단해지기 시작한 형형색색의
유리들이 시뻘겋게 구워지고 있었다.
저것들은 이제 차갑게 식으면서 빛을 내기 시작할 것이다.

반짝이는 것을 좋아하는 까마귀는 많아도
반짝이는 것을 만들어 내는 까마귀는
너 혼자 뿐일 거야.

시큼 후텁지근한 열기 속에서 우리는
늘 그렇듯 와인을 마셨다.

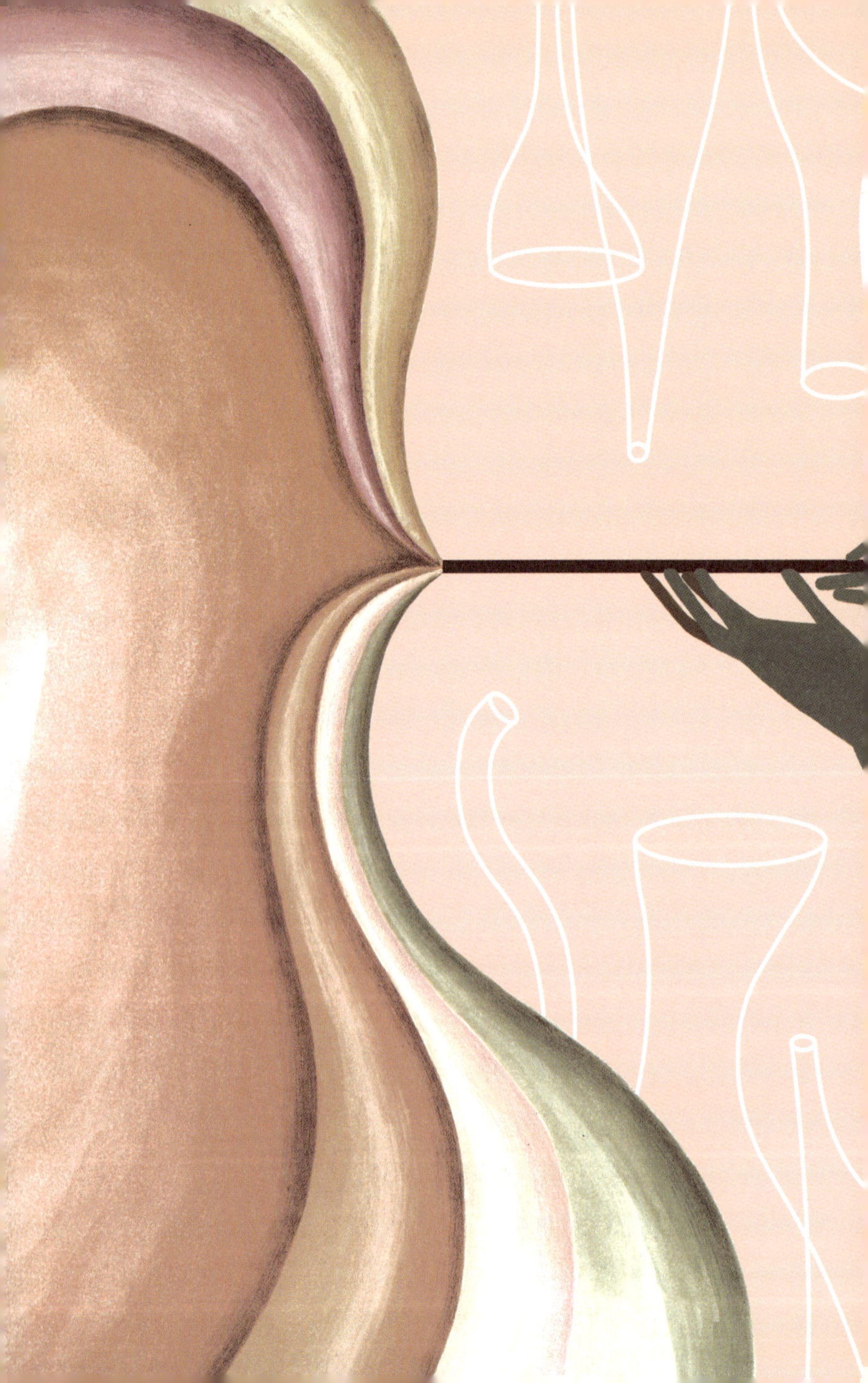

문신의 여왕

"정말 아름다운 귀를 가지고 계시군요."

길에서 만난 할아버지가 말을 걸어 왔다.
그의 온 몸과 양팔엔 문신의 여왕에게 바치는 자작시와 그림이
아름답게 새겨져 있다.

"이렇게 완벽한 대칭과 곡선을 가진 하얀 귀를 만나다니.
오늘은 정말 운이 좋은 날인가 봅니다.
아니 아니, 제발 그렇게 머리카락으로 가리지 말아줘요."

할아버지는 영원한 아름다움을 가지게 해 줄 테니
자기를 꼭 찾아오라며 내 손등에 구불구불한 약도를 그려 주었다.
친구들과 이상한 사람이네 하며 웃어 넘겼지만
그의 야릇한 미소가 왠지 계속 마음에 걸렸다.

어느 날 타블로이드 신문 사회면에서
귀가 잘려나간 어느 소년에 관한
기사를 읽었다.

소년의 잘려나간 귀 자리엔 진짜 귀보다 너 아름답고 완벽한
귀 모양의 그림이 새겨져 있었다고 했다.

'아. 아
문신의 여왕
당신이 옷을 벗으면
워털루 전쟁.
아. 아
문신의 여왕'

TATTOO

예술가 매미

매미가 전화로 만나자고 했다.
매미의 직업은 '행위예술가' 이다.
여름 한철의 퍼포먼스를 위해 겨울 내내 고민하더니
드디어 뭔가 떠올랐나 보다.

매미의 고치 집엔 고민의 흔적으로 보이는 엄청난 양의 메모와 악보들
그리고 방을 빙빙 둘러싸고 있는 빈 맥주병과 코 푼 휴지가 보였다.
나를 보더니 어찌나 흥분하며 날개를 비벼대는지
시끄러워서 나도 모르게 매미를 부둥켜안고 말았다.

"좋은 소식이야! 드디어 영감이 떠올랐어!"
"이번 여름도 기대가 되는걸. 주제가 뭐야?"
"감.기."

매미는 나의 반응을 기대하며 얼굴을 살피더니
이내 뭔가 설명을 해줘야겠다고 마음을 먹은 듯했다.

"그러니까, 이번 주제는 '나의 새로운 체험' 이라고나 할까?
내가 지난 겨울 어찌나 고민을 했는지 글쎄 감기에 걸렸지 뭐야.
너도 알다시피 난 여름에만 활동하느라 그걸 겪어본 적이 없는데
이번에 혹독하게 앓고는 깨달은 것이 많아.
아 정말 그 코맹맹이의 느낌은 정말 새로웠어."

"넌, 원래 코맹맹이잖아."

"……뭐라고?"

내가 뭘 실수한 걸까?
전해 듣기로는 여기저기 자기 목소리가
코맹맹이냐고 확인하고 다닌다고 한다.
내 전화는 받지도 않으면서.
후우. 예술가들이란….

6
7
8
9
9
8
7
6

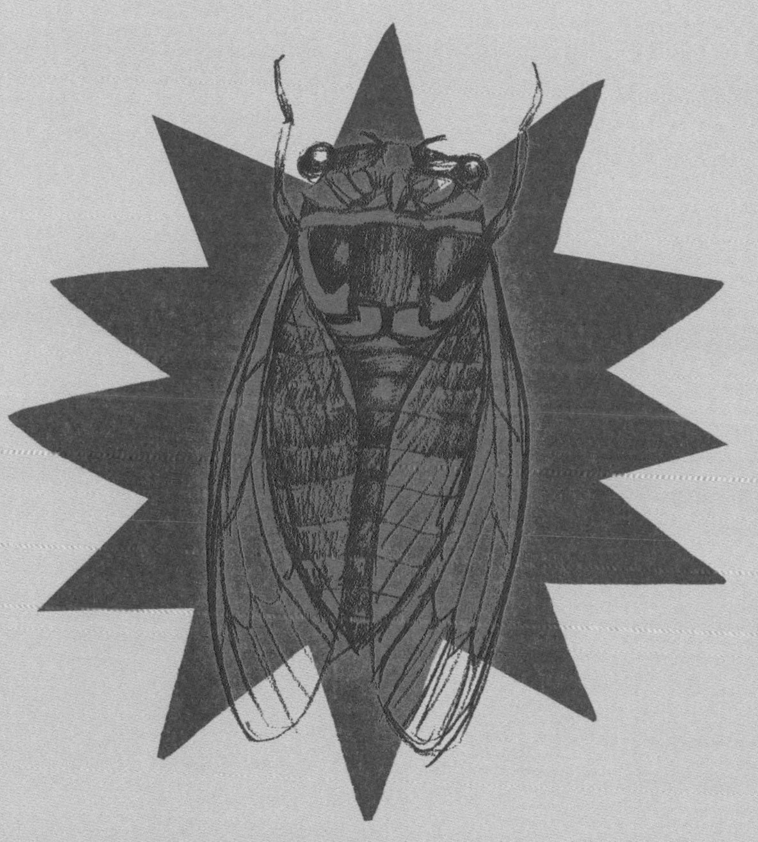
내가 코맹맹이라고??!!!...

꿀과 파리

양봉을 하는 친구에게 얻어온 귀한 꿀에

파리가 빠져 있는 것이 보였다.

꿀이 아깝기도 하고 파리가 불쌍하기도 해서

얼른 꺼내주려고 파리의 날개를 잡아끌었다.

"아야 아야, 뭐 하는 짓이야!"
"뭐 하는 짓이라니. 너를 살려 주려는 거라고"
"한창 재미 보고 있는데. 방해하지 말고 내버려둬!"

성질 고약한 파리는 점점 팔 다리가 빠져드는 걸 아는지 모르는지
버럭 화를 내곤 계속 꿀을 빨았다.

"실례지만 계속 그렇게 빨아대다가는 영영 못 나오게 될 거야."

그러자 파리는 천오백 개의 눈을 부라리며
못 참겠다는 듯이 소리 질렀다.

"제발 남의 일에 신경 쓰지 마시지. 쪽.
나를 살려주겠다는 건 다 알량한 너의 이기심이라고. 쪽
나를 살려주고 나면 책임이라도 질거야? 데리고 살 거야? 쪽.
어차피 나 몰라라 한 거면서 나의 달콤한 쾌락을 방해하려는 거야?
너는 지금 내가 생명을 걸고 맛보려는
소중한 순간마저 빼앗고 있는 거라고! 쪽쪽쪽."

파리의 말에 갑자기 얼굴이 화끈 달아올랐다.
꿀에 환장해서 목숨까지 건 미련한 파리 같으니!
하지만, 왠지 그런 파리가 멋있어
파리가 꿀 속에 다 잠겨들 때까지
시뻘개진 얼굴로 경건하게 지켜봐 주었다.

I'm enjoying

the Moment

not the past,
not the future.

머리 좋은 **뒤쥐** 1

Hello!

요즘 부쩍 기억력이 나빠졌다.

약국에서는 기억력이 좋아진다는 비타민을 추천해 주었다.
비타민을 먹으려고 오렌지 주스를 한 모금 마셨는데
비타민을 같이 삼켰는지 아닌지 영 기억이 나질 않았다.
비타민 뚜껑이 열려있긴 한데 먹으려고 열었던 건지 이미 먹은 건지.
에라 모르겠다. 한 개 더 먹기로 했다.

역시나 오후부터 속이 안 좋아지더니
내내 화장실을 들락거려야 했다.
자주 들락거린 것 같은데 몇 번인지 확실하지는 않다.
화장실에 놓여있는 책을 펼쳐 들었을 때, 읽었던 페이지를
다시 읽는 듯한 느낌이 들었지만 확신은 서지 않았다.

뭔가 문제가 생긴 것이 분명하다.

걱정이 돼서 너구리에게 전화를 했다.
너구리는 자초지종을 듣더니 어디서 봤다는 광고이야기를 해줬다.

"얼마 전에 홈쇼핑에서 봤는데
너 같이 갑자기 기억에 문제가 생긴 사람들을 위한 도우미가 있대.
네가 방금 뭘 했으며 하려고 하는지 옆에서 항상 일러주는 거지.
아주 작아서 같이 생활하는 데 거의 방해되지 않는대.
뭐 웃는 모습이 나름대로 귀여운 것도 같더라고."

듣고 보니
꽤 쓸 만할지도 모르겠다는 생각이 들었다.

Hello!

do you have a memory problem in your daily life?

then,

why don't you try this friend to help you?

your personal Secretary?

24시간 항시 대기 : 계약문의

Call. 080 - G7G7

(주)국제 뒤쥐 연맹

머리 좋은 **뒤쥐** 2

"안녕하십니까!
앞으로 잘 부탁드리겠습니다!"

아무도 없는 현관에서 씩씩하고 우렁찬 소리가 났다.
자세히 보니 작은 뒤쥐가 깜찍한 짐 가방과 커다란 안경을 쓰고
발판 위에 서 있었다.

"아, 맞아 어제 머리 좋은 뒤쥐를 신청했었지…."

자꾸 깜빡거리는 요즘, 너구리의 조언에 따라
홈쇼핑에서 뒤쥐를 고용한 기억이 났다.
뒤쥐는 과연 작았다. 주의 깊게 살피지 않으면 잘 보이지 않을 정도인데
목소리만큼은 우렁차서 자꾸 깜짝깜짝 놀라게 된다.
뒤쥐에게 제발 소리 없이 다가와서
큰소리를 내지 말아달라고 정중하게 부탁했더니
그 뒤로는 큰소리로 말을 건네기 전에
흠-흠- 하고 헛기침을 두 번 해주었다.
상식이 통하는 스타일인 거 같아 마음이 놓였다.

그때부터 뒤쥐와의 동거생활이 시작되었다.
나는 머릿속에 커다란 라디오를 넣고 다니는 듯한 기분에 사로잡혀 일주일을 보냈다.

"흠 - 흠, 새 단무지를 드시기 전에 한 말씀!
깨물다 만 단무지가 자장면 안에 아직 있답니다."

"흠 - 흠. 현재 집 안에 읽다 말고 펴놓은 책이 일곱 권,
사놓고 읽지 않은 문고판 여섯 권, 정기 구독하는 주간지가
뜯지도 않고 삼 주치, 밀린 청구서와 고지서 네 개,
빨지 않은 셔츠 일곱 벌, 유통기한 지난 우유,
그리고 이 수많은 메모지들!! 죄송합니다. 제가 조금 흥분을…."

"흠 - 흠, 소파에서 멍하니 아무것도 하지 않고 계신지 벌써 두 시간이 넘었는데 제가 노래를 하나 해드려도 되겠습니까? (뒤쥐는 요란한 탭 댄스와 뮤지컬 풍의 노래로 마루를 엉망으로 만들었다.)"

"흠 -. 방금 두루미 씨와의 세 번째 반복되는
통화내용을 요약해드리면 역시 '다섯 시에 호리병 집에서
간단하게 한잔' 입니다. 후, 실례되는 말씀일지 모르지만
두루미 씨에게도 저의 사촌 한 명을 소개시켜 주는 게 어떨지…."

hmmm-hmm
hmm-hmmm
hmmm-hmm
hmmm-hmm

머리 좋은 **뒤쥐** 3

뒤쥐와 일주일간의 동거 생활이 지났다.
물론 뒤쥐 덕택에 생활이 개선된 부분이 있을 수도 있었다.
하지만 그 동안 독립적으로 살아온
내 생활이 뒤죽박죽이 된 느낌이었다.
그래서 계약기간보다 빨리
뒤쥐를 돌려보내기로 마음을 먹었다.

뒤쥐는 혹시 모른다며 두루미의 전화번호를 옷깃에 적고는
최대한 예의를 갖춰 인사를 하고 집을 떠났다.

나의 집은 다시 조용하고 평화롭고
두서없고 반복된다.

Let it be

커뮤니케이숑

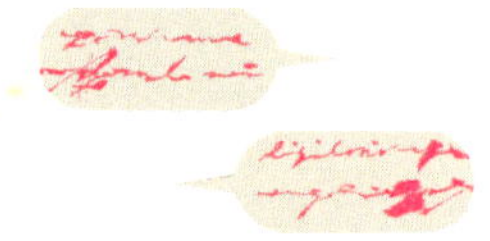

살아있는 모든 것은 커뮤니케이션을 원한다.

우리 동네는 얼마 전부터
소음공해에 시달리고 있다.

모든 생물과 커뮤니케이션을 원하는 한 딱따구리 녀석 때문이다.
'딱따 딱 딱 따딱' 하는 소리는 철제 골조와 벽 사이의 배관을 타고
이 건물에서 저 건물로
동네 전체를 시끄럽게 울려댔다.

진원지를 추적하여 겨우 찾아낸 작은 딱따구리는
좁은 구석에 틀어박혀 자신의 메시지가 모두에게 전해질 때까지
이 커뮤니케이션을 멈추지 않겠다고 선언했다.
딱따구리의 부리는 이미 벌겋게 부어오르고 약간의 출혈기도 보였지만
의지 결연한 눈에서는 광채가 났다.

온갖 달콤한 제안과 협박 그리고 최신장비로도 딱따구리를 멈추게 할 수 없자 마을 주민들은 회의를 했다.

"여기 누구 딱따구리의 말을 해독할 수 있는 사람?!!!!"

2차대전 때 잠수함 부대에서 복무했다는 노신사가 헛기침을 하며 오래된 구식 모스 부호가 분명하다고 장담을 했다.
동네 클럽에서 힙합을 하는 젊은이가 비트박스 시범을 보이며 근거는 희박하지만 자유와 젊음의 메시지가 분명하다고 했다.
급히 초빙된 유명한 조류 학자는 딱따구리의 이상행동에만 관심을 보이며 녹지가 없는 도시생태에 대해 일장 강의를 했다.
모두가 저마다 딱따구리의 메시지에 대해 자신의 의견을 내기 시작했다.

사실 딱따구리는 별로 할 말이 없었다.
자신이 특별하다고 생각했던 딱따구리는 평생을 뭔가 의미 있는 말을 남겨야한다고 생각했다.
그럴싸하고 심오한 한마디를 하기 위해 딱따구리는 평생을 침묵했다.
머릿속에는 천 가지 만 가지의 말들이 뒤죽박죽 했지만 어느 하나 딱따구리의 성에 차지 않았다. 금언의 맹세와 터져버릴 것 같은 머릿속을 견디지 못한 딱따구리는 어느 날 벽에 머리를 박기 시작했고 사람들은 놀랍게도 딱따구리의 박치기에 귀를 기울이기 시작한 거였다.
부리가 찢어지고 머리가 지끈거렸지만
딱따구리는 행복했다.

봄과 **곰**

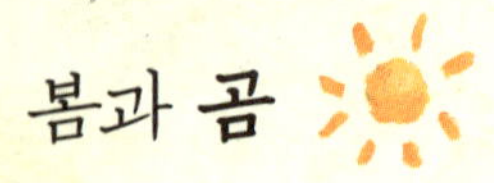

아침에 너구리가 걱정스러운 목소리로 전화를 했다.

"혹시 곰에게서 연락 왔었니?
벌써 사월인데…."

그리고 보니 얼마 전에 토끼와 개구리는 본 것 같은데 곰은 본 적이 없었다.
불쑥 걱정이 되어 너구리와 함께 곰을 찾아가기로 했다.
곰은 지난 가을 늦은 장가를 가서 느릅나무 밑에서 신혼살림을 차렸다.
장가를 가자마자 겨울이 와서 침대에서만 삼 개월을 보낼 거라 했다.

"과일도 물도 안 먹고 계속 그것만 하다가는
봄이 오기 전에 무슨 일이 나고 말거야."
라며 너구리와 킬킬거렸던 생각이 났다.
너구리도 나와 같은 생각을 하는지 걱정 가득한 얼굴로
느릅나무로 향하는 발걸음이 빨라졌다.

느릅나무 밑으로 다가가자 뿌연 먼지가 피어오르고 있었다.
살이 빠져 얼굴이 반쪽이 된 곰이 싸리나무로 자신의 몸을 털면서
겨우내 해묵은 털들로 뿌연 먼지를 일으키고 있었다.

"뭐야! 살아 있잖아! 우린 괜히 걱정했다고!"
내심 안심이 된 우리는 곰을 보자마자 큰소리로 안부를 물었다.
곰은 먼지로 쓰라린 눈을 찌푸리고
우리를 확인하자마자 갑자기 얼굴이 굳어졌다.
"누가 왔나요?"
나무 밑에서 곰 색시의 목소리가 들려왔다.
곰은 화급하게 대답했다.
"아.. 아니야. 친구들이 지나다 들렀나 봐."
"뭐야. 여긴 온통 털이잖아.
그만하고 우리 벌꿀맥주나 먹으러 가자고."
너구리가 곰의 팔을 잡아끌다가 털을 한 움큼 잡아 뜯었다.
곰은 아야 하고 팔을 감싼 채 짜증스러운 목소리로 말했다.

"이…이제 너희들이랑은 그만 어울리려고.
나…난 이제 어른이니까."

곰은 미안하단 듯 어깨를 들썩이고는 나무 밑으로 들어가 버렸다.
너구리와 나는 황당한 표정으로 곰의 사라지는 뒷모습을 보다가 그만
"에…에잇취!"

황사인지 털 알레르기인지
아니면 어른 알레르기 때문인지 재채기가 나왔다.

I'm A
Big foot!

76

재채기 삼형제

재채기가 나왔다.

재채기는 꼭 셋이서 같이 나온다.

H, H, H!

그린데 난 새재기를 한 번도 본 적 없다.
꽤 자주 만나는 편인데도 한 번도 본 적 없었다가
오늘 그 이유를 알아냈다.

"사람들은 눈을 뜬 채 재채기를 할 수 없다. - 상식의 오류 사전"

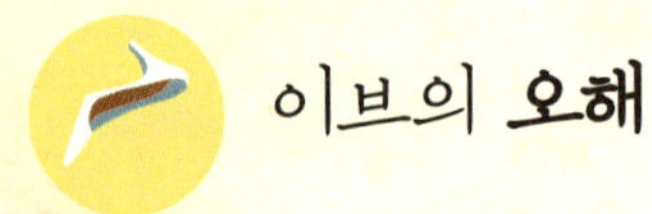

이브의 **오해**

"넌 열렬하지가 않아."

나의 뜨겁지 않음을 비난하는 그녀의 말투는 너무나도 냉랭했다.

“지난 이틀 동안 왜 연락이 없었지?
그건 나를 충분히 사랑하지 않는다는 거야.”

나는 뭔가 말을 하려고 했지만 바람에 찢어진 입술이 벌어지지 않았다.
애를 써서 입술을 축여보려 해도 둘로 갈라져버린 혀에서는
침이 한 방울도 나오지 않았다.
기진맥진한 팔은 힘없이 늘어져
돌아서는 그녀의 옷깃을 잡을 수 없었다.
몸을 뒤틀며 그녀를 따라가려 했지만
해져 너덜거리는 몸이 불같이 쓰라렸다.

“너를 만나려고 너를 안고 싶어서
이틀 동안 물도 한 모금 먹지 않고 달려왔어!”

있는 힘껏 외쳤다.
하지만 목구멍에선 쉿 쉿 하는 바람 소리만 새어 나왔다.
나는 이러지도 저러지도 못한 채 주저앉아 엉엉 울었다. 눈물 대신 마른
모래가 떨어졌다.
그녀는 가다가 돌아서 나를 돌아봤다.

“왜 나를 잡지 않는 거지?
…역시 너는 충분히 열렬하지 않아.”

이브는 그렇게 나를 떠났다.

Riiy

두더지의 **변명**

"나는 눈이 나빠서 그래.
단 한 번도 세상이 선명하다고 느낀 적이 없었어.
그래서 뭐랄까. 후 ~
살아있다는 걸 느끼고 싶은 것뿐이야. 아주 선명하게."

두더지는 향이 있는 담배에 불을 붙이며 변명을 한다.
가슴이 터질 듯이 연기를 들이마시는 것과
온갖 향기롭고 보드라운 것들에 집착하는 것과
한번 안으면 으스러져 버릴 듯이 있는 힘을 다하는 것과
사랑하면 그나마 나쁜 눈마저 완전히 멀어버리는 것과
아프고 돌이비릴 것 같은 모든 것에 중독되어 버린 것에 대해

변명을 한다.

좁고 향기 나고 어두운 두더지의 굴은
항상 그렇게 치열하고 자욱하다.

레이디 사마귀

오래간만에 레이디 사마귀를 만났다.
지금은 한 물 갔지만 예전에는 거침없는 직설적인 문체로
문단의 화제였다.
벌써 몇 달 동안이나 글을 한 줄도 못 썼다는 그녀는

"나에게 반해있는 어린놈이 필요해."

라며 최근의 심정을 털어놓았다.
예전에는 관계를 가지면 잡혀 먹힌다는 걸 알면서도
그녀의 매력에 빠져 목숨을 거는 남자도 많았다.
하지만 그녀도 한 물 갔다.
자유분방하고 섹시하던 단단한 아래턱도
이제는 조금씩 벌리는 것 같았다.
"젊고 신선한 놈들을 다 잡아먹어버리는 게 아닌데."
"몇 명 남겨두지 그랬어요. 하하하."
이 오돌토돌하고 간지러운 대화가 그리워질 날이 올 것인가.
날이 서늘하니 벌써 그리운 게 많아진다.

Rood-ster

주말농장에서 늙은 수탉을 만났다.
늙은 수탉은 간만에 말상대가 반가운지 끝없이 이야기를 늘어 놓았다.
연장자에 대한 예의상 가능하면 다소곳이 이야기를 듣기로 했다.
주제는 대강 이러했다.
알 낳기를 거부하는 암탉들의 '무의미한 재생산' 에 대한 주장과
최근 대두된 청소년 병아리들의 염색 문제,
'알이 먼저냐 닭이 먼저냐' 라는 오래된 존재론적 화두와
'울어야 하느냐 울지 말아야 하느냐' 라는
암탉들의 금기에 대한 보수와 진보간의 갈등.
하늘을 펄펄 난다는 어느 닭의 등장으로 대두된 말세론.

언뜻 흥미로울 수도 있어 보이는 주제들이었지만
그의 관점으로만 본 이야기를 듣는 것은 결코 쉽지 않았다.
이 세상에 오랫동안 길들여져 온 그는 자기와 다른 무엇도 인정하거나
이해하려 들지 않는 꽉 막힌 존재가 되었다.

하지만 나는 뭐라 반박할 수가 없었다.
왜냐면… 그가 나와 다르다고 비판하고 반박한다면
나 또한 그와 다를 바 없어지기 때문이었다.

신념을 지키는 건 울화통 터지는 일이다.

,,,그렇군요

리스타트

"정말 다 잊어버렸다는 거야?"
"으응. 기억이 나지 않아."

그녀는 천연덕스러운 얼굴로 대답을 한다.
아직 실험 중인 '선택적 기억 상실제' 시약을 복용한 후
그녀는 왠지 편안해 보이기까지 했다.

"그 시끌벅적했던 웃음이랑 파란 하늘까지도?"
"으음…
기억나진 않지만 상상할 수는 있어."

어쩌면 그게 더 나은 방법일지 모른다는 생각이 들었다.

"미안하지만, 해야 할 것이 많아서."

그녀는 밖에 나가서 바람도 맞고 땅도 구르고
사람들도 구경하고 노래도 따라 부르고
달콤 시큼한 과일도 베어 물어보고
운이 좋아 비를 만나면 비를 맞고 걸어야 한다며
환하게 웃으며 일어섰다.

forget it

What A beautiful Life

NEW

가위바위보

"자, 룰은 간단해."

친구에게 가위바위보를 설명하고 있다.

"바위가 **보를 좋아해.**
우직하고 바보 같은 바위는 그래서 언제나 보한테 져.
사랑하는 사람한테는 이기고 싶지 않으니까.
하지만 보에게 늘 이기기만 하는 가위는 미워.
그래서 어떤 일이 있어도 바위가 가위한테는 이기는 거야.
알겠지?"

친구는 잠시 혼란스러운 표정을 짓더니 어렵게 입을 열었다.

"…사실 보는 가위를 좋아하는 게 아닐까?
바위가 보에게 져주는 것처럼.
그래서 늘 가위한테 져주는 거라면…."

잠시 침묵이 흘렀다.
하지만 이내 우리는 서로 등을 두드리며 웃어제꼈다.

"하하하! 이건 게임일 뿐이라고! 하하하하!"

술고래

언제부터 그가

술고래가 되었는지는 잘 알 수 없다.

예전의 그는 세상에서 가장 아름다운 물기둥을 뿜어낼 수 있는,
봄이 되면 온몸에 파릇파릇한 해초 정원을 만들어 입고
우아하게 뽐내곤 하던 멋쟁이였다.
그런 그가 언제부터 저렇게 술만 먹게 됐는지는 알 수 없다.

이억 살 먹은 산호섬과 사랑에 빠졌다는 이야기도 있고
빙하기를 대비해 몸을 알코올로 절여두는 거라는 이야기도 있다.
바다가 너무 넓어서 외로움을 타는 거라는 이야기도 있고
돛대를 잘못 삼켜 더 이상 노래를 부를 수 없어서 그런 거라는
이야기도 있다.

사람이야기 하기 좋아하는 바닷사람들에게
매일 매일 술만 먹고 해일 같은 눈물을 흘리는 고래가
최고의 안주거리이자 안부거리이다.

술 비린내로 가득 찬 항구는
말없이 슬픈 고래가 토해놓는 물기둥으로 흥건하다.

PREMIUM
PINK WHALE
RUM

고양이와 사랑에 빠지지 말기

"미쳤어? 고냥이 하고 사랑에 빠지다니!?!"

나중에 생각해 보면 분명 미안해 할 말이었지만 그때는 정말 나도 모르게 이렇게 소리치고 말았다. 우리 마을 사람들 사이에는 무언의 경계라고나 할까 금기시 되는 사항이 몇 개 있다.
아침에 침대에서 내려올 때는 오른발부터 내려오기, 마을에서 같은 옷을 입은 사람을 만나면 발을 세 번 구르기, 남의 험담을 할 때는 한쪽 귀를 막고 하기, 그리고 '고냥이와 사랑에 빠지지 말기' 였다.
'후. 상처 입을게 뻔하다고.'
다들 이렇게 걱정을 해 주지만 사실은 그 매혹적인 고냥이를 사랑하지 않는다는 게 얼마나 힘든지 잘 알고 있었다. 사실 가장 용기 있는 자만이 감히 입 밖으로 그 사랑을 고백할 수 있는 거였다.
그 영웅은 잔뜩 고통스러운 얼굴로 마을에서 가장 독하다는 '독주' 를 연거푸 털어 넣고는 이빨 사이로 새어 나오는 신음 같은 목소리로 말을 시작했다.

"새 집에 이사했을 때부터 그녀는 이미 그곳에 살고 있었어.
마을 어른들의 경고가 떠오르긴 했지만 왠지
그녀를 길들일 수 있을 것 같았어. 문을 열고 집에 들어갈 때마다
그녀는 무심히 고개만 잠깐 들어 보이고는
이내 평온하기 짝이 없는 잠 속으로 빠져들고는 했지."

고냥이의 그 평온하고 나른한 잠을
떠올리며 다 같이 탄식을 했다.

"어쨌든 한집에서 지내게 되는 건데 사이나 좋아져 볼까 하고
장난을 걸거나 말을 걸어 보기도 했어. 그래 알아.
위험하기 짝이 없는 짓이었지. 한바탕 격렬한 놀이가 끝난 후에 그녀는
늘 언제 그랬냐는 듯 나를 외면하고 자기만의 세계에 빠져들어 버렸어.
나 같은 건 안중에도 없는 것 같이!
쳇, 고냥이 따위, 그렇게 토라져 있으면 어느새 다가와서
가르랑 거리며 몸을 비비거나 뻔뻔스럽게 팔베개를 하고 누워
몸을 발라당 뒤집는 거야. 그때의 말도 못할 안도감이란…."

또 다시 모두의 탄식이 이어졌다.

"그런 그녀를 바라보기만 해도 어느새 상처나 투라짐 따위는
싹 잊어버리고 그녀도 나를 좋아하는 걸까 하는 말도 안 되는
기대를 품게 만드는 거야! 아아, 그녀가 나를 좋아해 주기만
한다면 영혼이라도 팔 수 있을 것 같아!!!"

우리는 그저
고통에 빠진 영웅의 어깨를 토닥여 줄 수밖에 없었다.

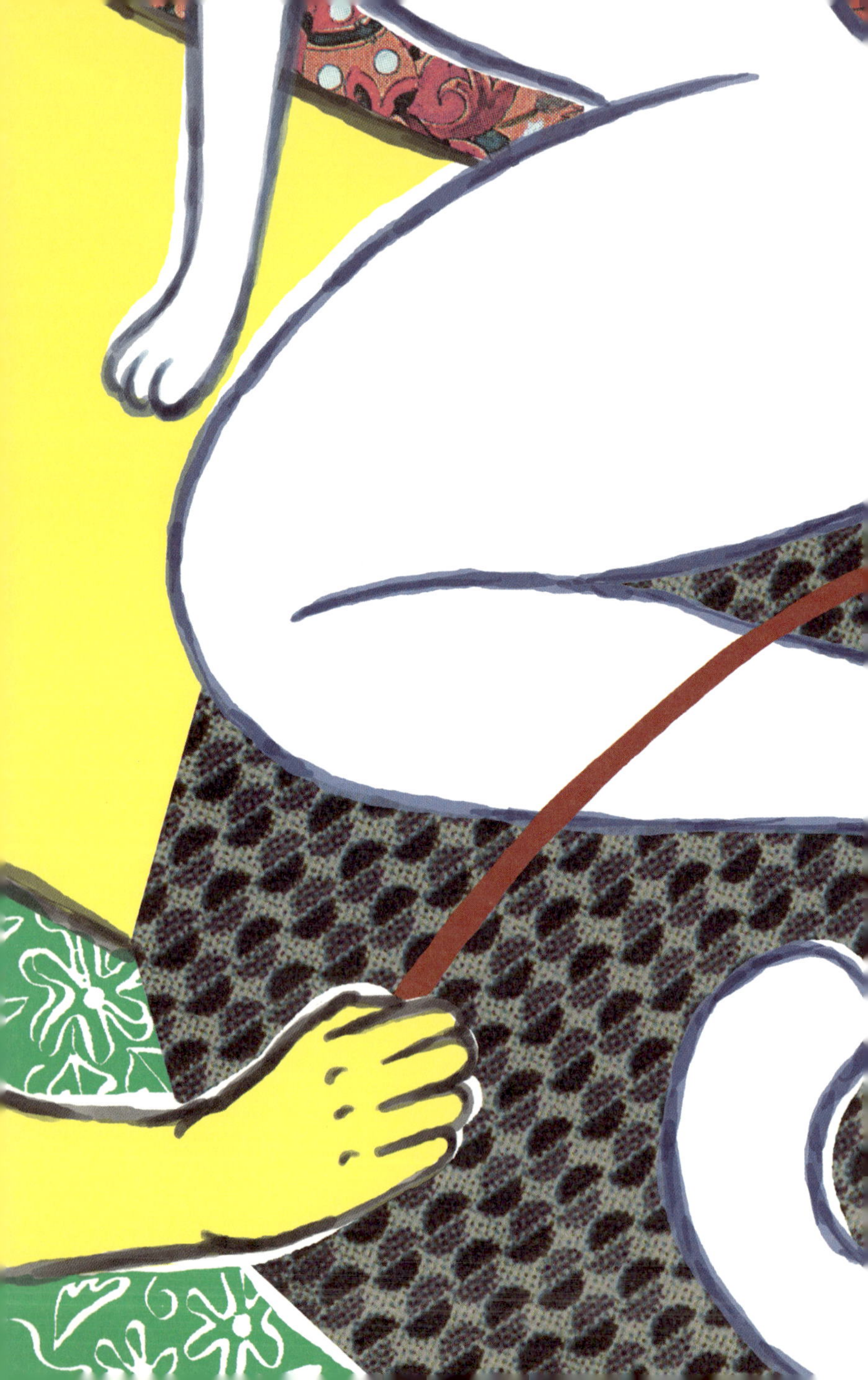

위험한 놀이

뭐 특별히 외로웠다거나 유별나고 싶었던 것은 아니다.
그것은 일종의 실험이었고
지루한 시간을 보내기엔 더할 나위 없을 것 같았다.

황새 녀석이 우리 집에서 일주일 가까이 머물고 있다.
갓 태어난 아기를 배달하는 택배사 직원인 녀석은
요즘 불경기라 맘고생이 심하다.
너는 상징성이 있으니까 적어도 잘리지는 않을 거야.
위로의 말과 와인도 황새에겐 별 도움이 되지 않는 것 같았다.

우울증에 빠진 녀석과 같은 공간에 있다 보니

지루해서 죽거나 죽이지 않기 위해선

뭐라도 해야 했다.

그래서 시작한 거였다.

사랑에 빠진 사람 놀이.

더 이상 할 이야기가 없어도 마주 보고 있을 수 있는 유일한 방법은

이제 막 부둥켜안고 잠자리에 들 사람처럼 상대를 쳐다보는 것이다.

황새는 처음에는 약간 거북해했지만

달리 갈 곳도 없는 지라 그냥 그런 나를 내버려 두기로 한 것 같았다.

이상했다.

시간이 빨리 흘러간다.

황새의 깃털이 빠지면 나는 보물이라도 주운 것처럼 그것을 들고 화병에 꽂았다.

황새의 까만 얼굴이 오늘 조금 더 까만지 덜 까만지

미세한 차이에도 의미를 두었고

그의 이야기 한마디에 정신 나간 사람처럼 울고 웃었다.

사랑에 빠진 사람의 놀이는 나를 사랑에 빠지게 한 것일까?

나의 심심풀이 실험은 점점 진지해졌고

황새는 사방에 전화를 해서 자신을 재워줄 곳을 찾기 시작했다.

황새가 황급히 짐을 싸서 떠난 후

난 휑 비어 버린 마음 한 가운데 앉아 엉엉 울었다.

나의 실험은 대.성.공.이었는데 말이다.

MADE IN U.S.A.
LO & CO., Ltd., 159 East 48th St., New York

Steps:
3. Melt butter and choco
(see YW)
4. Whisk together

Piece 1

가끔 그런 날이 있다.
뜬금없이 명령조의 문장이 떠오를 때.
그럴 땐 재빨리 메모지를 찾아 적고는
반듯하게 접어 상자 속에 넣어둔다.
가끔씩 고민이 생기거나 스스로에게 충고가 필요할 때
상자 속에 손을 넣고 휘휘 저었다 빼면
손끝에 꽤 그럴듯한 말들이 걸려 나오기도 한다.

오늘은 아침부터 그리움에 사로잡혀서

도대체 정체를 알 수 없는 그리움에 온통 사로잡혀서
어쩔 줄을 모르다가 상자 생각이 났다.
상자를 찾아 손을 넣고 휘휘 저었다.

"바나나 씨를 까먹으렴."

… 나는 도대체 무슨 생각을 했던 걸까!

까먹으렴

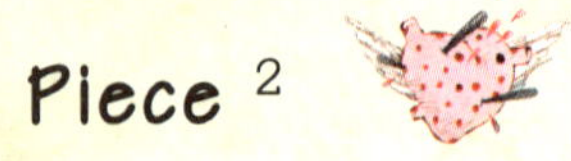

"나에게 명령을 내려줘!"

약속도 없이 찾아온 고슴도치가 다짜고짜 애원을 했다.
영문을 몰라 하는 나에게 고슴도치는 식은땀을 삐삐 흘리며 말을 했다.

"너에겐 명령이 가득 담긴 상자가 있다고 들었어.
제발 나에게 명령을 내려줘!"

그제야 마을에 파다한 고슴도치에 대한 소문이 떠올랐다.
벌을 받고 매를 맞고 상처받는 걸 좋아하는 고슴도치가 있다는 소문.
많이많이 사랑하던 자신의 짝을 사고로 잃은 후
서로의 가시로 가슴을 뚫던 기억을 그리워하다가
그렇게 마음까지 다쳐버렸다는 소문.

현관 앞에서 부들부들 떨고 있는 고슴도치는 매우 지쳐 보였다.
나는 잠시 기다리라며 집으로 들어가 상자를 들고 나왔다.
한껏 기대에 부풀어 온몸의 가시를 곤두세운 고슴도치에게
나는 손에 들린 쪽지를 또박또박 읽어 주었다.

"반나절을 함께 보내고
사랑에 빠지시오."

고슴도치는 새로 받은 명령을 이해하려고 한참을 생각하는 듯했다.
잠시 후 고슴도치는 뭔가 알겠다는 결연한 눈빛으로 고개를 끄덕거리더니
말없이 돌아갔다.

고슴도치는 다시 행복해졌을까.

Satelite of Love
Love, Love will tear us apart again
'...사랑이

세 마리 **원숭이**

지하철역에서 원숭이 세 마리를 만났다.

한 마리는 귀를

한 마리는 입을

한 마리는 눈을 가리고 있었다.

"왜 그러고들 있는 거야?"

눈을 가린 원숭이가 귀를 가린 원숭이의 옆구리를 찔렀다.
귀를 가린 원숭이가 말했다.

"너의 집에서 하룻밤 재워주면 이야기해 주지."

재미있는 이야기를 좋아하는 나는 약간 망설여졌다.
데리고 가도 될까.

그때 입을 가린 원숭이와 눈이 마주쳤다.
울먹이는 듯한 큰 눈을 가지고 있었다.
보일 듯 말듯 고개를 젓는 것 같았다.

"너네 이야기가 무척 기대되긴 하지만, 사양하겠어."

원숭이들은 갑자기 낙담한 채
도대체 어디서 안 넘어 간 거지? 라며 저희들끼리 싸움이 붙었다.

나에 대해

"재미있는 이야기를 해주면 음식과 잠자리를 준답니다."

따위의 소문을 퍼트린 놈을 찾아내야겠다.

give you the
sweet story

EAT
pardon

나선 세상

척추를 중심으로 한 우리 몸은
나선구조를 이루고 있기 때문에
어느 한쪽의 균형이 깨지면 몸 전체의 균형이 흐트러진다고 한다.
예를 들어 나쁜 자세로 인하여 골반이 휘면
한쪽 다리가 짧아지면서 결국 허리 디스크와 목 디스크를
유발하게 된다는 원리가 그와 같다.
그 반대로,
그렇게 흐트러졌던 몸도 나선구조이기 때문에
한쪽을 바로 잡아주면 몸 전체가 결국 자기 자리를 찾아간다고 한다.

나의 세상도 나선구조와 같다.

- 우연히 훔쳐본 너구리의 일기장에서 -

Madame,
CLOCK
WORK
1
2
1
2
1
2

click
CLICK
monsieur,
KLICK
WELCOME
SCREW WORLD

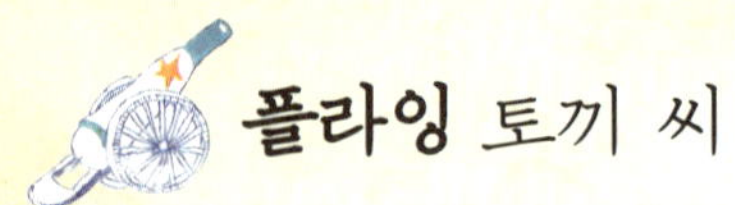

플라잉 토끼 씨

"그러니까 너의 토끼가 정말 날 수 있단 말이지?"
"그렇다니까."
얼마 전 동네 술집에서 간드러지게 노래하며
술을 얻어 마시는 토끼를 보고는
나는 너구리를 꼬셔서 너구리의 집에 묵게 해 주었다.
그리고 토끼의 존재를 까맣게 잊어먹고 있었는데
아직까지도 너구리의 집에 같이 살고 있었던 것이다.
원래 너구리란 녀석 누구랑 잘 어울리는 타입이 아닌데 토끼를 부르는
말투가 꽤나 정겹기까지 했다.

"노래도 하고 코도 쫑긋거리고 날기도 하고 그러니까 심심하진 않아."
"보통 토끼들은 날지 못한다고."
"음… 그렇겠지.
그런데 이 녀석은 서커스에도 있었다니까
보통 토끼는 아닌 거 같아."

"서커스에 있었다고?!"

"아. 말 안 했나?"

그러고 보니 얼마 전에 신문에서 본 기사가 떠올랐다.
토끼 대포알로 상종가를 누리던 토끼 씨가 어느 날 공연의 오발사건 후 사라졌다는 기사.
술집에서 본 토끼의 끄트머리가 그을린 것이며 특유의 매캐하던 냄새가 어렴풋이 기억이 났다.

"왜 서커스에는 다시 돌아가지 않는 걸까?"

"음… 잘은 모르겠지만…
서커스에 돌아가지 않아도 날 수 있다는 걸
알았기 때문이 아닐까?"

"그러니까… 너의 토끼는 정말 날 수 있다는 거야?"

"그렇다니까!"

이럴 땐 참 어렵다.

살아가면서 아는 걸 믿는 걸까. 믿는 걸 아는 걸까.

하지만 계속 꼬치꼬치 묻는 건
어쩐지 쿨해 보이지 않는 것 같아서
너구리를 더 이상 귀찮게 하지 않기로 했다.

ING RABBIT

프로이트적 **실수** №6

"원투쓰리포파이브섹스세븐에잇나인텐."

"…다시 해봐."

"원투쓰리포파이브섹스세븐에잇나인텐."

"…뭐 이상하지 않아?"

"응? 뭐가?"

너구리에게 애인이 필요하다.

FROM HEAV

No 6

one two three four

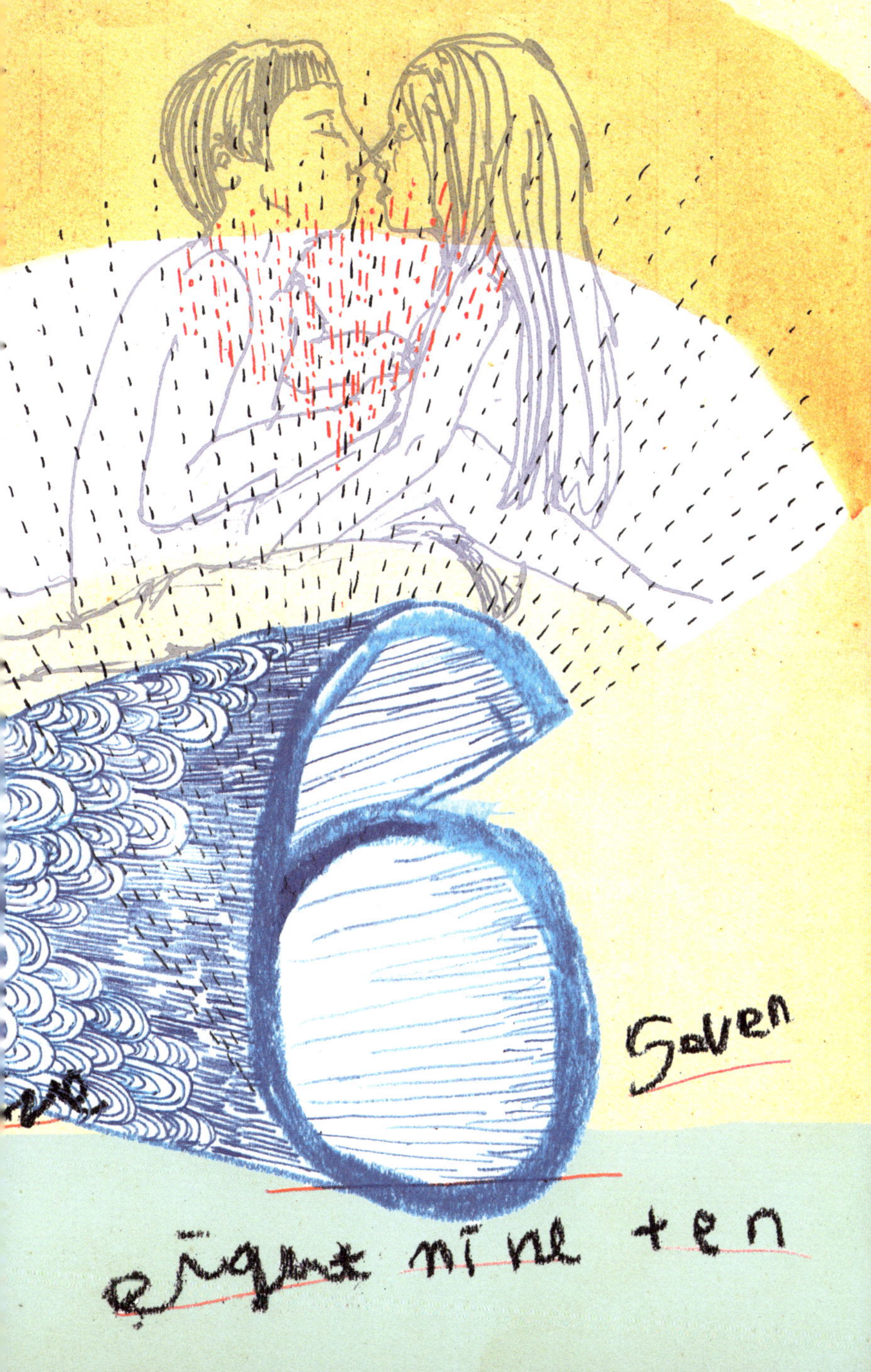
6
Seven
eight nine ten

너구리의 고민

"보기엔 그냥 보통 여자아이 같은데 말이지."

새로운 친구 만나는 재미에 푹 빠져 있는 너구리가
웬일로 오래된 친구를 찾아왔다.
와인을 들고 와서는 방구석에 꼬리를 말고 앉는 날이면
그날은 별수 없이 너구리의 고민을 잔뜩 들어줘야만 한다.

"이상한 구석이 있는 아이야.
어린아이 주제에.

그 조그마한 입으로 '바람'을 이야기 하면
귀 뒤로 기분 좋은 바람이 불고
'바다에서 본 해'를 이야기 하면
창밖이 바다가 되고 건물 사이로 해가 잠겨.
어제는 세상에서 가장 지루한 단어를 열세 번 반복해 봤는데
예를 들어 '오므라이스'나 '면양말' 같은 거 말이야.
그 아이가 이야기하면
왠지 재미나고 의미 있는 단어가 되어버리는 거 있지."

"좋은 아이네. 뭐가 문제야?"

너구리는 반쯤 비어있는 와인 잔을 만지작거렸다.

"나는……
그 아이가 '사랑'을 이야기 할까 봐 두려워."

사랑을 믿지 않던 너구리가 곤란에 빠진 듯하다.

갈가마귀의 **유혹**

길에서 만난 갈가마귀가 전단지를 건네줬다.

지저분한 녀석인데 묘한 향기가 났다.

전단지에는

"나와 떠나요.
카오산에서 어깨에 삼족오 문신을 하고
밤차를 타고 강을 건너요.
코팡안에서 하시시를 하고 보름달 밑에서 춤을 춰요
홍에 들떠 인도로 가요.
바라나시에 앉아 디 같이 시타르를 켜요. 타르 사막을 건너요.
고아에서 만나 우리 다 같이 노래를 불러요 꿈을 꿔요."

코팡안에서 만난 반짝이는 바다와 달이 떠오른다.
가슴이 벅차오른다.
몸서리친다. 몸살이 친다.

나를 유혹하지 마라.

너를 부둥켜안아도

난 너에게 아무 약속을 할 수가 없다.

dance in the
full moon light.
Let's go to India.
Let's cross the dessert
Let's meet in
Goa and Sing together.
Lets dream together.

유리 가마

까마귀가 동네사람들을 위해 유리공예 워크숍을 열기로 했다.
"마을사람 모두가 반짝거리는 유리병에
색색 빛깔의 초콜릿을 담아둔다고 생각해봐!"
물론 마을사람 모두가 그런 로망이 있는 것은 아닐 테지만
어쨌든 까마귀는 잔뜩 들떠 있었다.

까마귀의 공방은 아주 후끈후끈했다.
유리를 녹여 모양을 빚기 위한 가마는 매 순간
활활 타올라야 했다.
잠시라도 불길을 잃고 식어버리면
가마는 깨져 다시는 쓸 수 없게 된다고 했다.

"타오르지 않으면 죽어버리는 거야."

가마를 살피는 까마귀의 표정은 진지하다 못해 자못 비장했다.
그렇게 뜨거운 불로 만들어낸 유리병이
금이 가고 깨지기 쉽다는 것은 가슴 아프다.
그건 아마,
유리병을 빚기 위해 타오른 것이 아니라
살아남기 위해 타올랐기 때문일 것이다.

타오르지 않으면
죽어버리는거야

미우고양이

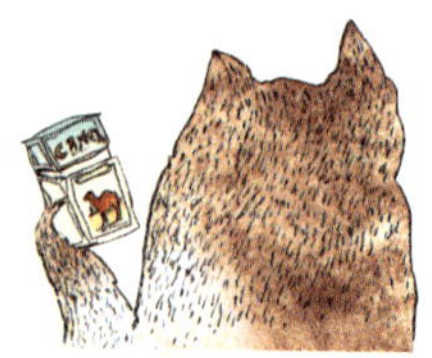

오래 간만에 너구리와
'이집트에서 온 미우 고양이' 의 천막에 놀러 가기로 했다.
친구들은 고민이 있을 때 미우 고양이를 찾아 간다.
멸치와 맥주를 사 들고 가서 그 나지막한 의자에 앉으면
왠지 고민이며 일상이며 이야기를 늘어놓지 않고는 못 견디게 된다.
아마 그녀의 나른한 눈동자와 이집트 산 향초 때문인 것 같았다.
물론 이야기가 시작되면 미우 고양이는 잠시 듣는 듯하다가
이내 꾸벅꾸벅 졸거나 털실을 가지고 놀거나
다리 사이를 핥느라 여념이 없다. 고양이들이란.
그럴 때면 슬쩍 가져간 멸치를 하나씩 내놓으면 된다.

너구리는 아까부터 뭔가를 말하고 싶은지 계속 담배만 만지작거린다.
나는 너구리의 눈치를 살피면서 고양이가 견디다 못해 마실을 나가지
않도록 적당히 멸치를 던져주고 있었다.
너구리가 드디어 입을 떼었다.
"세상에 타협하지 않은 진실이란 없는 거야. 그렇지?"
나와 고양이는 동그래진 눈으로 너구리를 바라보았다.

집에 가는 길에 왠지 풀이 죽어있는 너구리에게 물었다.

"너 아까 정말
그 이야기를 하려고 했던 거야?"

너구리는 어깨를 한 번 으쓱 하고는 집에나 가자 했다.

MIU
the cat

she is from Egypt

우주관

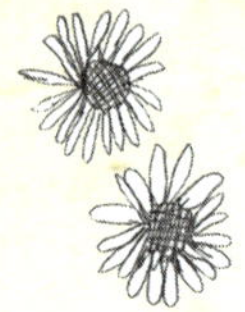

그러니까 나의 우주는 고무 젤리 같아.
내가 머물러 있는 곳 생각이 가 있는 곳만큼
늘어났다 줄었다 해. 예를 들어,
집에 있을 땐 집이 곧 나의 우주야.
창문이 열린 마루를 지나면 시베리아를 건넌 것처럼
온몸이 으스스해지고
방문 하나를 사이에 두었을 뿐인데도
천리 길을 사이에 둔 것처럼 그리워져.
작은 의자에 앉아 있을 땐 세상이 다 작아 보이고
볕이 드는 창은 봄이고, 갓 끓인 커피 한 잔은 오아시스야.
모두가 잠든 밤이면 무한대의 우주에 혼자 남겨졌다가
아침에 거대한 빅뱅과 함께 다시 시작해.

나른한 오후엔 눈을 감으면

수만 가지 생각들이 떠오르고
나는 그 중 하나를 붙잡아 또 다른 우주로 가.

쫄깃쫄깃하고 달콤해.

marvel-lous,

이집트식 강좌

코끼리를 데리고 미우고양이의 강좌를 들으러 갔다.

'실연을 극복하는 방법'

향이 가득한 미우 고양이의 천막엔 사람들과 사람들이 내놓은 멸치로 이미 비좁았다.
고양이의 성스럽기조차 한 긴 세수가 끝나자 드디어 강좌가 시작됐다.

"아무리 해도 사랑했던 사람을 머릿속에서 떨쳐내지 못할 때.
우리 이집트에선 깊은 한숨을 쉽니다.
더운 낮에 들이켰던 숨과 머릿속의 열을
밤에 차갑게 식은 한 숨으로 내보내는 겁니다.
후우~"

모두들 후우~ 하고 숨을 따라 내쉬었다.
천막 안은 뜨겁고 달착거리는 숨으로 가득 찼다.
모두의 가슴 속에 불덩어리가 한 줌씩 세상 밖으로 비어져 나왔다.

"잘하셨어요.
이렇게 한 삼천서른 구백 번 정도면 반에 반에 반 정도는
잊을 수가 있답니다.
자, 다음엔 실연을 잊는 목욕법이 있겠습니다."

모두들 고양이를 따라 다리 사이에 머리를 묻고 할짝거리느라 애쓸 때
나는 혼자 조용히 천막을 빠져 나왔다.

억지로 가슴에서 뜯어낸 기억들이 자꾸 화끈거렸기 때문이다.

세상의 **법칙**

"사는 거이가 다 그런 거야!"

디제이 박스의 두더지가 소리를 쳤다.
시끄러운 음악 때문에 소리가 잘 들리지 않았다.
두더지는 세 번째 판을 갈면서 나에게 가까이 오라고 손짓을 했다.

"니가 특별히 못하고 있는 거이가 아니야.
세상 모든 것은 공평해야 해.
스무 날 동안 지은 십은 스무 날 동안 살 수 있고,
세 번째로 고른 사탕은 세 번째로 달콤할 것이고,
너도 사랑 받은 만큼만 사랑하면 되는 거이야."

두더지는 알겠느냐며 커다란 선글라스 뒤로 윙크를 했다.
음악은 점점 커지고 사람들은 즐거워 보였다.

나는, 아직 잘 모르겠다.

사랑의 구관조

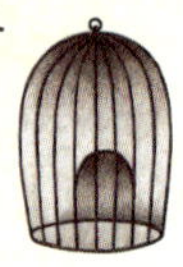

한 남자에게서 전화가 왔다.
"구관조 때문에 전화 드렸습니다."

구관조에게 새주인을 찾는다는 광고를 보고 온 전화였다.
삼 년 동안 애지중지 길러온 구관조를 더 이상 기를 수 없게 되어
얼마 전에 지역신문에 작은 광고를 냈다.
걸려온 남자의 신분을 확인하고는 약속을 정했다.
구관조에게 마지막으로 몸단장을 시키면서 눈물을 보이지 않으려고
애를 썼다.
남자는 반듯한 수트를 입고 있었다.
책임감있어 보이는 인상이라 마음이 놓였다.
왠지 토라져 있는 구관조를 찬찬히 들여다보고는 만족한 듯이
"정말 아름답군요. 저에게 전할 주의 사항이라도…."

원망과 눈물이 가득 찬 구관조의 눈과 마주쳤다. 갑자기 목이 메었다.
"그녀를 사랑하려면 특별해야 해요.
당신이 그녀에게 걸맞은 멋있는 사람이 아니라면,
처음부터 정을 주지 말아요.

하루에 열두 번씩 예쁘다 아름답다고 해줘요.
갑자기 홍이 나 많이 먹어도 걱정하지 말아요.
노래를 부르고 싶을 때 맘껏 부르게 해요.
세 살짜리처럼 말도 안 되는 장난을 쳐도 나무라지 말아요.
멀리서 당신을 보고도 쭈뼛거리며 달려오지 않아도 조급해 말아요.
엉엉 우는 울음이 당신 때문이 아니더라도 섭섭해 말아요.
어디서 재미있는 이야기를 들으면 낮은 목소리로 그녀에게 들려줘요.
그녀가 원할 때 당신의 어깨를 내어줘요.
편안히 조그맣게 코를 골며 잠이 들 때까지 깃털을 쓰다듬어줘요.
… 그리고 절대 그녀를 울리지 말아요.
그녀의 울음을 들으면 당신의 가슴은 천 길의 구렁으로 곤두박질치고
세상 끝까지 갈가리 찢어진답니다.

제대로 사랑해 줄 수 없다면
시작하지 말아요….”

그녀에 대해 해주고 싶은 말이 산더미 같은데
목이 메어 더 말을 이을 수 없었다.
이까부터 뒤로 돌아 눈을 마주치지 않던
구관조의 뒷모습도 바라볼 수가 없었다.
남자가 조용히 말했다.
“잘 알겠습니다. 제가 소중하게 잘 보살피겠습니다.”
남자가 조심스럽게 새장을 들고 일어났다.
카페 문이 닫히는 소리가 났다.

두꺼비

집에서 일할 두꺼비를 **면접 보는 날이다.**

내 앞에 말라 보이는 꽤 오래된 두꺼비가 앉았다.

"나이는?"

"삼백 년"

"약간 마르신 거 같은데, 이쪽 일 하시기 무리 아니세요?"

"이래봬도 절대 물 위로 떠 본 적이 없다오."

"밑 빠진 독 메우기 경력이 화려하시네요."

"은혜를 베푼 사람들은 절대 잊지 않으니."

"…저희 독에 잘 맞으실지 모르겠네요."

두꺼비는 하얀 눈썹을 모으며 가만히 나를 노려보더니

"당신 같은 사람들을 잘 알지.

보람도 없고 가망도 없는 일들에 한낱 희망을 거는 사람.

세상이나 사람들을 바꿀 수 있다는 환상을 품은 사람.

그 끝도 없어 보이는 독에 미련하게 물을 처넣는 사람.

그러다가 제풀에 지쳐 뒤늦게 나를 찾는 사람.

내 할 말은 아니지만, 새 독을 장만하는 게 나을 것이오.

나를 고용한다고 해서 그 독에 채워진 물이 당신 것이 될 순 없소."

not yours

광대

아까부터 춤을 추는 광대가 있다.
사람들 머리 위로 두 키는 높아 보이는 허공에
외줄을 매고 줄을 탄다.
참으로 소리 없이 조용한 춤사위다.
그러나 사람들은 바쁘다.
올려다보는 이 없다.
광대는 아슬아슬 저만 아는 외줄 위에서 칼을 탄다. 놀이를 한다.
앞을 못 보는 아이 하나가 허공을 올려다본다.
디딩딩 발끝으로 타는 거문고인양
아이는 흥이 난다.
아이는 광대의 그림자를 밟으며 같이 춤을 춘다.
바쁘게 지나가는 사람들이 아이에게 조심하라고 한다.

n pierrot
et
ne fille
with
l'ombre
noir

코끼리 사랑

코끼리가 아프다.
땅콩을 사 들고 문병을 가면서 너구리가 자초지종을 설명해 주었다.

"사랑에 빠졌었대.
근데 코끼리들의 사랑이란 건 참 단순해.
이 녀석들은 머리가 커서 그런지
기억력이 겁나게 좋거든.

한번 사랑하면 평생 그 기억을 잊지 못한대.
이 녀석이 아무리 사랑한다며 울고불고해도
그녀는 사랑한다고 말할 수 없었나봐.
첫사랑을 잊지 못하는 거지. 정말 미련한 생물이지 않코!"

너구리는 혼자 흥분해서
"미련해! 첫사랑이 뭐라고!"
씩씩거렸다.

누워있는 코끼리의 몰골은 참 안쓰러웠다.
우리를 보자 퉁퉁 부은 눈으로 코푸는 걸 도와달라고 했다.
너구리와 나는 집 밖으로 코를 꺼내 코끼리가 안심하고
코를 풀도록 도와줬다.
집 밖에 커다란 눈물과 콧물 웅덩이가 생겼다.

"나를 사랑할 수가 없대. 나는 무덤으로 갈 거야.
다시 태어나서 그녀를 제일 먼저 만날 거야.
내가 제일 먼저 사랑할 거야."

나는 가만히 코끼리의 머리를 쓰다듬어줬다.
평생 잊을 수도 없을 상처라 생각하니 마음이 너무 아팠다.

LOVE

na LOVE
na LOVE
chez
Ele

Epilogue

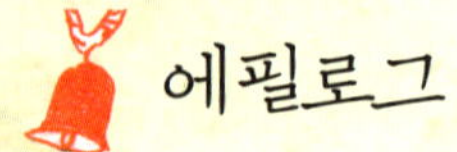

에필로그

와인을 한잔 더 달라고
벨을 울렸다.
고양이가 인상을 쓰고 나오더니
벨을 낚아채어 자신의 목에 달고는
딸랑 딸랑 들어가 버렸다.

나는 와인을 한잔 더하고 싶었지만
벨이 없었다.

이윤진

홍익대 시각디자인과를 졸업했다. 현재 제일기획 아트디렉터이며,
단편영화감독, 카투니스트, MoM 등 다양한 분야에서 활동하고 있다.
quicktoon.egloos.com

김성희

홍익대 시각디자인과를 졸업했다. 일러스트레이터로 사보와 광고, 잡지,
포스터, 단행본 표지, 아동서 등 여러 매체에 그림을 그리고 있다.
www.vanillacircus.com

윤예지

말보다는 그림으로 이야기 하는 게 더 쉬워, 그래서 결국은
그림 밖에 그릴 줄 모르게 된 서울 태생 여자아이.
홍익대 시각디자인과를 졸업하였고, 현재는 런던에 거주하며
프리랜서 일러스트레이터로 일하고 있다.
www.seeouterspace.com